AF366553

COLLECTION D'ANTIQUITÉS

DU

COMTE MICHEL TYSZKIEWICZ

Le prix du Catalogue illustré (33 planches) est de 30 fr.

PARIS — 1898

COLLECTION D'ANTIQUITÉS

DU

COMTE MICHEL TYSZKIEWICZ

VENTE AUX ENCHÈRES PUBLIQUES

Par suite de décès

HOTEL DES COMMISSAIRES-PRISEURS

9, rue Drouot, 9

SALLE N° 7, AU PREMIER ÉTAGE

Les Mercredi 8, Jeudi 9 et Vendredi 10 Juin 1898

A DEUX HEURES PRÉCISES

COMMISSAIRES-PRISEURS

Mᵉ PAUL CHEVALLIER	Mᵉ TERNISIEN
10, rue Grange-Batelière, 10	10, rue de Chantilly, 10

EXPERTS

MM. ROLLIN ET FEUARDENT

4, rue de Louvois, 4

ET A LONDRES :

6, Bloomsbury Street, WC

EXPOSITIONS

PARTICULIÈRE : *Le Lundi 6 Juin*

PUBLIQUE : *Le Mardi 7 Juin*

DE DEUX A CINQ HEURES

ROLL 1898 juin 8.10

CONDITIONS DE LA VENTE

Elle sera faite au comptant.

Les adjudicataires paieront *cinq pour cent* en sus des enchères.

Paris. — Imp. de l'Art. E. Moreau et Cⁱᵉ, 41, rue de la Victoire.

CATALOGUE SOMMAIRE

ANTIQUITÉS

I

POTERIE

1 — Boîte ronde avec son couvercle, en faïence égyptienne.

2-3 — Deux coupes d'incantation, trouvées à Babylone.

4 — Petit lécythe de Chypre.

5 — Autre exemplaire.

6 — Aryballe formé de deux masques de Méduse (ancien style grec).

7 — Vase figurant une jambe gauche humaine, le pied chaussé d'une sandale.

8 — Grand vase bursiforme d'ancien style corinthien.

9 — Cotyle corinthienne, ornée de légendes. *Sujet :* Guerriers à pied et cavaliers.

10 — Grand reposoir d'amphore, couvert de peintures d'ancien style ; trouvé à Thèbes.

11 — Vase en forme de serpent enroulé.

12 — Meuble (appelé *imbrex*) de destination inconnue, trouvé à Athènes.

13 — Couvercle d'un vase peint d'ancien style.

14 — Amphore grecque portant la signature de Polygnotos. *Sujet :* Hercule, le Centaure Nessus, le roi Dexamenus et sa fille Déjanire.

15 — Lécythe blanc, trouvé à Érétrie.

16 — Lécythe grec planté dans une écorce de gland.

17 — Petite aiguière. *Tableau* : Silène nu, portant une balance sur l'épaule.

18 — Aiguière. *Tableau* : Trois jeunes gens jouant aux osselets.

19 — Grand cratère représentant une *course aux flambeaux*. Signature d'artiste : Nicias, fils d'Hermoclès, du dème d'Anaphlystos.

20 — Grande hydrie à peinture polychrome. *Sujet :* Scène tirée des mystères d'Éleusis.

21 — Canthare à vernis noir portant l'inscription ΑΦΡΟΔΙΤΗΣ (propriété *de Vénus*).

22 — Grande amphore de fabrique tarentine. *Sujets :* l'Apothéose d'Hercule, deux scènes bachiques et un combat de Grecs et d'Amazones.

23 — Aryballe à décor plastique : Europe sur le taureau.

24 — Aryballe à décor plastique : Phrixos et Hellé.

25 — Aryballe à relief multicolore, représentant des scènes de combat.

26 — Aryballe à relief multicolore. *Sujet :* Cavalier perse à la chasse au sanglier.

27 — Aiguière figurant une tête de nègre.

28 — Vase en forme de sphinx femelle.

29 — Aryballe en forme de bœuf couché.

30 — Aryballe en forme de coq.

31 — Patère en terre cuite, ornée d'un groupe en haut relief, représentant Jupiter transformé en Satyre pour séduire Antiope.

32 — Amphore tarentine, ornée de feuilles d'acanthe en ronde bosse et d'un bas-relief représentant cinq petits Amours. Couvercle surmonté d'une tige droite.

33 — Coupe émaillée, trouvée à Boscoreale.

34 — Scyphus à couverte émaillée.

35 — Petite coupe en terre rouge, ornée de sujets bachiques en relief.

36 — Vase pomiforme en terre pâle, orné de cabochons en pâte vitreuse. Inscription en relief : AB HERCVLE VICTORE.

37 — Guttus en terre vernissée de rouge.

38 — Coupe d'Arezzo. *Sujet* : Satyres faisant la cueillette du raisin, Silènes foulant les grappes dans le pressoir.

39 — Moule d'une coupe arétine : Feuillages, fleurs, baies et rosaces.

40 — Moule d'une coupe arétine : Guirlandes de fleurs et bucrânes.

41 — Moule d'une coupe arétine : Guirlande de raisins et de pampres.

42 — Moule d'un petit plateau : Guirlandes de fleurs et bucrânes. — Arezzo.

43 — Moule d'une moitié de coupe. *Sujet* : Amours chevauchant des dauphins. — Arezzo.

44 — Fragment d'un grand moule de gobelet. *Sujet :* Danseuse et danseur, Cérès et Proserpine. — Arezzo.

45 — Moule d'un petit gobelet. *Sujet :* Danseur et danseuse drapée, joueuse de lyre, etc. — Arezzo.

46 — Grand fragment d'un moule de coupe. *Sujet :* Éphèbe et jeune fille couchés sur un lit de repos, Apollon et Marsyas. — Arezzo.

47 — Grand fragment d'un moule de coupe. *Sujet :* Adolescents et jeunes filles couchés sur des lits de repos. — Arezzo.

48 — Fragment d'un moule de coupe. — *Sujet :* Char attelé de deux chevaux, Bacchus jeune, Cérès assise et Proserpine. — Arezzo.

49 — Scyphus façonné en tête de Cérès voilée.

50 — Vase oriental (persan ?).

II

TERRES CUITES

5r — Taureau monté par une divinité de style
très ancien; trouvé sur les bords de l'Eu-
phrate.

52 — Petite tête de lion, de très ancien style
égyptien. Émail vert pâle.

53 — Tête de femme en terre émaillée polychrome.

54 — Amour adolescent tenant à la main deux
boîtes à couvercles coniques.

55 — Figurine grotesque.

III

VERRERIE

56 — Flacon simulant les veines du sardonyx.

57 — Pyxis en verre bleu incrusté de rubans d'or.

58 — Aiguière d'ancien style, en verre améthyste.

59 — Grand balsamaire en pâte vert de mer, incrustée de rubans ondulés en or, en bleu et en blanc.

60 — Même forme, la panse ornée de marbrures polychromes : bleu, blanc, vert-turquoise et or.

61 — Flacon piriforme, orné de rubans d'or et de marbrures de toutes couleurs.

62 — Lécythe moulé, en forme de pyxis, orné de palmettes en relief.

63 — Pyxis en verre bleu, avec son couvercle ; même décor.

64 — Verre à boire cylindrique, portant une inscription en relief : ΛΑΒΕ ΤΗΝ ΝΕΙΚΗΝ (*remporte la victoire*).

65 — Petite coupe en verre blanc, portant l'inscription : ΕΥΦΡΑΙΝΟΥ ΕΦ Ω ΠΑΡΕΙ (*jouis de ce qui t'a amené ici*).

66 — Grand gobelet en verre améthyste, façonné en massue d'Hercule.

67 — Petit flacon côtelé.

68 — Petite coupe à parois verticales.

69 — Petite coupe en forme d'entonnoir.

70 — Petite table montée sur trois pieds, trouvée à Boscoreale.

71 — Très petit entonnoir à parfums, en verre jaune d'ambre.

72 — Manche de patère en verre bleu.

73 — Manche de patère en verre améthyste.

74 — Buste d'un stratège grec; camée en verre blanc sur bleu.

75 — Figurine d'Harpocrate.

76 — Tête de chacal (ou d'Anubis).

77 — Petit disque en verre blanc. *Sujet peint :* Homme assis sur un cygne.

78 — Fragment de camée : Minerve combattant.

79 — Intaille en pâte blanche : Mars combattant un géant.

80 — Intaille carrée en verre blanc : Amours faisant la cuisine.

81 — Barillet de collier.

82 — Disque de fibule en bronze émaillé.

83 — Amulette byzantine en pâte de verre jaune.

84 à 86 — Trois grands fragments de bordures en verre opaque, provenant du vaisseau de Tibère, au fond du lac de Némi.

87 — Quadrilatère en verre mosaïque, représentant l'épervier d'Horus.

88 à 92 — Cinq quadrilatères en verre mosaïque, ornés de fleurons.

93 — Deux fragments de verre mosaïque réunis.

94 — Petit disque en verre mosaïque : Assemblage de fleurettes.

95-96 — Deux autres, figurant une fleur.

97 — Plaquette en verre mosaïque *a giardinetto*.

98 à 100 — Trois plaques de revêtement de mur.

101 — Verre chrétien à fond d'or. *Sujet* : l'Agneau pascal. Légende circulaire : KONIΛIΛ KAIΛЄCTINA ΠIЄ ZHCЄC.

102 — Verre chrétien à fond d'or. *Sujet* : Bustes à mi-corps d'un jeune Romain et de sa femme. Entre eux, le Christ. Légende : DVLCIS ANIMA VIVAS.

103 — Verre chrétien à fond d'or. *Sujet :* Gladiateur armé d'un trident. Légende : STRATONICAE (*sic*) BENE VICISTI VADE IN AVRELIA(m).

104 — Verre chrétien à fond d'or. Buste d'un jeune Romain. Légende : ANATOLI GAVDEAS.

105 — Verre chrétien à fond d'or. Légende : OMOBONE.

106 — Petit médaillon bleu avec figures en **or** : Deux adolescents coiffés de bonnets phrygiens.

107 — Petit médaillon. *Sujet :* Tête de loup.

108 — Verre de la Renaissance.

109 — Grande aiguière en verre bleu moucheté.

IV

BRONZES

110 — Figurine de femme dans l'attitude des
canéphores grecques. Inscription chaldéenne
au nom de *Dungi, roi d'Ur, roi de Sumer
et d'Accad.*

111 — Taureau debout; applique de style perse.

112 — Protome d'un taureau couché; décor de
siège.

113 — Grande figurine phénicienne, représentant un homme debout, vêtu d'un pagne.

114 — Guerrier phénicien.

115 — Femme debout, vêtue d'un pagne; figurine phénicienne, très ancienne.

116 — Tube amorti par une double tête à phy-
sionomie sémitique.

117 — Figurine de femme nue, de style phénicien.

118 — Couronnement de sceptre, ressemblant à
un fer de trident. Phénicie.

119 — Grande tête étrusque en fonte pleine.

120 — Junon étrusque.

121 — Adolescent étrusque.

122 — Groupe étrusque : Guerrier debout à côté
d'une femme voilée.

123 — Discobole étrusque d'ancien style.

124 — Satyre d'ancien style étrusque, avec des
jambes de cheval.

125 — Petite figurine étrusque : Déesse ailée et
agenouillée.

126 — Décor de siège : Tête de biche.

127 — Gobelet étrusque, à patine vert pâle.

128 — Petite boîte à miroir : Lion en arrêt.

129 — Miroir étrusque. — Ulysse et ses compagnons dans l'île de Circé.

130 — Miroir étrusque : Hercule, Minerve, Eris, Thetis.

131 — Miroir latin. Jeune homme et jeune fille jouant le jeu des *duodecim scripta*. Inscriptions en vieux latin.

132 — Ciste représentant une scène de cuisine. Inscriptions en vieux latin.

133 — Statuette d'Apollon, d'un style extrêmement ancien, trouvée à Thèbes. Inscription en deux hexamètres.

134 — Déesse d'ancien style grec, trouvée avec le numéro précédent.

135 — Jupiter d'ancien style, portant une signature d'artiste : *Hybrisstas* (m') *a fait*.

136 — Minerve, de style grec primitif.

137 — Figurine de déesse. le corps en colonnette.

138 — Figurine de Diane, d'ancien style grec.

139 — Diane grecque, d'ancien style (vɪᵉ siècle). Inscription : Χιμαρίδας τᾶι Δαιδαλείαι.

140 — Buste d'une déesse d'ancien style.

141 — Petit taureau votif, trouvé dans les fouilles du Cabirion de Thèbes.

142 — Autre, de même provenance.

143 — Aryballe façonné en buste de cheval ailé.

144 — Coupe décorée de graffites, trouvée à Sovana (Étrurie).

145 — Masque d'une déesse grecque d'ancien style.

146 — Masque de Silène.

147 — Figurine démesurément allongée, trouvée dans les fouilles du sanctuaire de Diane au lac de Nemi.

148 — Tête casquée de Mars.

149 — Vénus ôtant sa sandale.

150 — Bacchus adolescent au repos.

151 — Statuette de Minerve, trouvée en Étolie.

152 — Buste à mi-corps de Bacchus jeune; décor de siège ou de lit.

153 — Grande situle en forme de tête de lutteur syrien.

154 — Figurine phallique.

155 — Aigle perché sur une tête de bouc.

156 — Manche de couteau.

157 — Petite tête de Silène.

158 — Applique découpée, représentant un empereur romain appuyé sur le labarum.

159 — Bague en bronze.

160 — Petit vase à décor niellé.

161 — Disque portant une légende archaïque grecque : *Exoida(s) m'a consacré aux fils du grand Zeus, (moi, ce disque) de bronze, à l'aide duquel il a vaincu les vaillants Céphalléniens.*

162 — Inscription grecque d'Argos : Loi relative au trésor de Minerve.

163 — Lamelle de bronze, portant une inscription latine.

164 — Disque d'esclave, avec inscription gravée.

165 — Exagium du Bas-Empire.

V

AMBRE

166 — Masque de jeune fille.

VI

IVOIRE ET OS SCULPTÉ

167 — Cylindre en ivoire, orné de bas-reliefs
d'ancien style.

168 — Petite boîte cylindrique en os. *Sujets :*
Victoire agenouillée devant Rome assise;
Hébé versant à boire à l'aigle de Jupiter.

VII

BIJOUX D'OR

169 — Pendeloque égyptienne, représentant le dieu Noum accroupi.

170 — L'oiseau *akem* en or estampé et incrusté de pierres précieuses.

171 — L'oiseau *akem*, semblable au numéro précédent.

172 — Bague égyptienne en or.

173 — Scarabée en terre émaillée et plaquée d'or.

174 — Scarabée en or, le dos ajouré.

175 — Grand diadème grec en or émaillé.

176 — Collier grec, de très ancien style, acheté à Macri (de Lycie).

177 à 179 — Parure étrusque en or et en grenats, trouvée en Sardaigne.

180 — Collier en or massif, formé de 51 pendeloques ; trouvé en 1891, près de Segni ou
d'Anagni.

181 — Collier semblable, avec 65 pendeloques
suspendues à une double chaîne tressée en
jaseron.

182 — Collier grec en or, les fermoirs s'amor-
tissant par des têtes de lion, de beau style.
Trouvé en Sicile.

183 — Paire de boucles d'oreilles, réunies par
une chainette en or tressé. Égypte.

184 — Paire de boucles d'oreilles en or, figurant
deux colombes.

185 — Paire de boucles d'oreilles en or estampé :
Têtes de femmes parées de lierre.

186 — Pendeloque de boucle d'oreille, en or,
trouvée à Tarente.

187 — Paire de pendeloques byzantines en or
estampé et ajouré.

188 — Grande tête d'épingle étrusque en or et en cristal de roche.

189 — Épingle en or, portant une inscription en lettres granulées.

190 — Paire de fibules étrusques d'ancien style.

191 — Fibule d'or, façonnée en tête de mulet.

192 — Boucle de ceinturon en or massif, trouvée en Hongrie.

193 — Bague d'or, de style mycénien.

194 — Petit scarabée en cornaline brûlée, serti dans une bague d'or.

195 — Bague en or martelé : Façade du temple de Paphos.

196 — Bague d'or : Colombe perchée sur une branchette de grenadier.

197 — Bague grecque en or massif : Mercure liant les cordonnets de sa sandale.

198 — Bague en or estampé : Cérès assise, tenant des épis.

199 — Bague d'or, trouvée à Trébizonde. — Intaille sur agate noire, représentant le buste d'Esculape.

200 — Bague en or à fonte pleine, incrustée de cornalines : Trident entre deux dauphins.

201 — Bague d'or byzantine.

202 — Cassolette en forme de tête de lion.

203 — Grand fleuron en or pâle, d'ancien style grec, trouvé à Camirus (Rhodes).

204 — Plaque d'or estampée et découpée, simulant un groupe de deux divinités.

205 — Plaque d'or découpée, figurant un canard.

206 — Amulette en or estampé : la triple Hécate.

207 — Scarabée en terre émaillée, serti dans une lamelle d'or qui porte une légende étrusque.

208 — Scarabée en or estampé. Sur le plat : Cérès assise sur un rocher.

209 — Scarabée en or estampé. Sur le plat : un Amour jouant de la double flûte, et un coq.

210 — Aigle en or cloisonné, de travail wisigoth.

211 — Lion assis.

212 — Plaque d'or étrusque ayant servi de revêtement de fibule.

213 — Pendeloque en forme d'amphore.

214 — Bague en or martelé, moderne.

215 — Tige d'une bague à scarabée mobile.

216 — Petit buste de Minerve en or estampé.

217 — Petite monnaie d'or d'Alexandre-le-Grand.

218 — Monnaie d'or de Victorin père et de sa famille.

VIII

ARGENTERIE

219 — Figurine de femme, en fonte pleine, de
très ancien style chaldéen.

220 — Patère phénicienne, en argent, trouvée
près de Salerne.

221 — Groupe de deux figurines phéniciennes.

222 — Poisson en bronze incrusté d'argent.

223 — Le chacal d'Anubis avec une inscription
grecque sur la base.

224 — Buste de guerrier; décor de siège.

225 — Fibule ajourée, trouvée à Tarente.

226-229 — Quatre pièces d'argenterie, trouvées
à Torre del Greco.

230 — Bouquetin ailé; anse d'amphore, de travail sassanide, en argent plaqué d'or.

IX

GEMMES

CYLINDRES, SCEAUX, CAMÉES
ET INTAILLES

231 — Tête de démon chaldéen, en jaspe jaune.

232 — Pommeau d'épée figurant une tête de Bes, en lapis lazuli.

233 — Petite tête en saphirine : Portrait de Constantin-le-Grand.

234 — Petite tête de Vénus en cornaline brûlée.

235 — Manche de couteau en saphirine.

236 — Arc de fibule en jaspe brûlé.

237 — Tête de canard en jaspe mousseux.

238 — Petit balsamaire en sardonyx. Renaissance.

239 — Buste, en saphirine, d'un imperator romain. Renaissance.

CYLINDRES, ETC.

240 — Grand cylindre en hématite, couvert d'inscriptions chaldéennes.

241 — Cylindre hétéen en hématite.

242 — Tablette en agate blanche avec dix-huit colonnes d'écriture chaldéenne.

243 — Autre, en jaspe jaune, veiné de blanc : Taureau buvant dans un abreuvoir.

244 — Cylindre en sardonyx ; six colonnes d'écriture cunéiforme au nom de Kourigalzou, roi d'Assur.

245 — Grand cylindre en hématite : Isdubar entre deux taureaux.

246 — Cylindre en sardonyx : Homme debout entre deux lions.

247 — Cylindre en hématite : deux dieux à cornes et à jambes de taureau.

248 — Cylindre en hématite : Adorante devant un dieu debout.

249 — Cylindre en hématite : Personnage assis, tenant de chaque main un sphinx par la queue.

250 — Cachet en jaspe blanc: Lion attaquant un bouquetin.

251 — Cachet perse en jaspe vert.

252 — Marteau chaldéen en sardonyx.

SCARABÉES

253 — Roi assyrien debout; prime d'émeraude montée en or.

254 — Fétiche phénicien; de chaque côté, un sphinx. Jaspe blanc, veiné de rouge.

255 — Laboureur. Légende chypriote.

256 — Hercule étreignant le lion.

257 — Scarabée en cristal de roche. *Sujet :* Colombe au vol.

258 — Guerrier étrusque; cornaline.

259 — Jeune homme soulevant un casque; cornaline.

260 — Femme tenant une palme. Sur le dos du scarabée, un masque de Silène. Cornaline.

261 — Deux guerriers soutenant un guerrier blessé et agenouillé; sardonyx.

262 — Hercule; devant lui, un suppliant. Cornaline.

SCARABÉOÏDES

263 — Lionne en arrêt; jaspe blanc et jaune.

264 — Bœuf bossu; agate blanche rubanée.

265 — Lion dévorant un taureau; scarabéoïde phénicien en chalcédoine.

266 — Vache broutant un arbrisseau. Chalcédoine.

267 — Danaé recueillant la pluie d'or ; jaspe
rouge veiné de blanc.

268 — Plante de pied et légende chypriote ; saphirine.

269 — Veau ; agate rubanée.

270 — Cristal de roche à deux faces convexes.
Sujet : Méduse, à corps de cheval, prenant
un lion par les pattes.

CAMÉES

271 — Buste du dieu Bes.

272 — Buste de Tibère jeune.

273 — Bustes juxtaposés de Claude et Messa-
line.

274 — Mercure debout.

275 — Victoire conduisant un bige au galop.

276 — Buste lauré de Tibère jeune.

277 — Grand masque de Méduse.

278 — Centaure.

279 — Chèvre paissant.

280 — Tête ailée de Méduse.

281 — Poisson.

282 — Phalère en chalcédoine.

INTAILLES

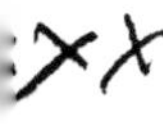

283 — Cylindre à pan coupé, en agate blanche rubanée : Héron debout, se tenant immobile sur une seule patte.

284 — Colombe au vol, tenant dans son bec un rouleau de papyrus; cornaline.

285 — Buste d'Arsinoé Philadelphe. Hyacinthe.

286 — Apollon portant un épervier; cornaline.

287 — Buste de femme, de face; sardoine.

288 — Tête d'un personnage romain du dernier
siècle de la République; agate noire.

289 — Buste d'un roi, coiffé d'un bonnet en
forme de cône tronqué; grenat de Syrie.

290 — Quadrige d'hippocampes, conduit par un
personnage nu, armé du trident de Neptune.
Nom du graveur : *Popillius Albanus*.

291 — Silène agenouillé, le bras passé autour
de l'encolure d'un bouc; sardoine.

292 — Tête de Cléopâtre Ière. Nom du graveur :
ΛΥΚΟΜΗΔΗΣ; saphirine.

293 — Grenat de Syrie : Buste d'un roi sassanide,
Hormisdas II (273-309).

294 — Grande sardoine ovale, représentant le
buste d'Hercule jeune, coiffé d'une peau de
lion.

295 — Buste de Diane. Renaissance.

296 — Buste de Marcus Claudius Marcellus. Renaissance.

297 — Buste de Sapho. Renaissance.

298 — Tête laurée; saphirine.

299 — Guerrier blessé et agenouillé; cornaline.

300 — Thésée debout; cornaline.

301 — Amulette égyptienne en forme de stèle cintrée; basalte noir.

302 — Tête d'Isis; sardoine.

303 — Scarabée moderne, représentant Othryades, le Lacédémonien; cornaline.

MARBRES, ETC.

304 — Masse d'armes en albâtre, avec inscription chaldéenne.

305 — Petit naos égyptien en calcaire.

306 — Magnifique statuette égyptienne en basalte noir.

307 — Bas-relief grec archaïque : les trois Euménides.

308 — Tête de femme d'ancien style grec.

309 — Vase égyptien en albâtre, transformé en urne cinéraire grecque.

310 — Bas-relief étrusque en calcaire.

———

311 — Urne cinéraire romaine.

312 — Deux tigres, faisant pendant, en albâtre fleuri, *exposés, du 6 au 8 juin, rue de Chézy, n° 40 (Parc de Neuilly).*

IMPRIMERIE DE L'ART

www.ingramcontent.com/pod-product-compliance
Lightning Source LLC
LaVergne TN
LVHW020525210726
843507LV00026B/576